Presentado a

_____

CON ADMIRACIÓN POR LA GRANDEZA DE LO QUE

ESTÁS CONSTRUYENDO, CUANDO SOLO DIOS LO VE

~ Por ~

_____

_____

FECHA

La Mujer Invisible

La Mujer Invisible

por

NICOLE JOHNSON

CARIBE-BETANIA

Una división de Thomas Nelson, Inc.
The Spanish Division of Thomas Nelson, Inc.
Since 1798 — desde 1798
www.caribebetania.com

Caribe-Betania Editores es un sello de Editorial Caribe, Inc.

© **2005 Editorial Caribe, Inc.**
Una subsidiaria de Thomas Nelson, Inc.
Nashville, TN, E.U.A.
www.caribebetania.com

Título en inglés: *The Invisible Woman*
© 2005 por *Nicole Johnson*
Publicado por: *W Publishing Group*
Una división de Thomas Nelson

ISBN 0-88113-296-9

Vida cristiana / Vida práctica / Mujeres

Traducción: *Carla Dongo Palacios*

Diseño interior: *Grupo Nivel Uno, Inc.*

Impreso en E.U.A.
Printed in the U.S.A.

2ª Impresión

A MI HERMANA, VANESSA,
LA MUJER INVISIBLE MÁS HERMOSA A LA
QUE YO JAMÁS HAYA PODIDO VER.

Índice

I.

Capítulo uno

Ahora me ves...

Y ahora no

capítulo uno

Ahora me ves...

Y ahora no

Comenzó a suceder gradualmente...

Entraba en una habitación y nadie lo notaba. Le decía a mi familia algo así como: «Por favor, bajen el volumen del televisor». Y nada pasaba. Nadie se levantaba, ni siquiera se movía para tomar el control remoto. Me quedaba allí de pie durante todo un minuto, y luego volvía a decir, alzando un poquito más la voz: «¿Podría alguien bajar el volumen del televisor?» Nada. Finalmente, llena de frustración, iba y lo bajaba yo misma.

Un día estaba caminando con mi hijo Jake a la escuela. Sostenía su mano y estábamos por cruzar la calle cuando el guardia encargado del tránsito peatonal le dijo: «¿Quién es esa persona que está contigo, niño?»

«Nadie», dijo, encogiéndose de hombros.

¿Nadie? El guardia de tránsito peatonal y yo nos reímos. Mi hijo sólo tiene cinco años, pero mientras cruzábamos la calle pensé: *Oh, Dios mío, ¿nadie?*

Luego comencé a notar este tipo de cosas más y más a menudo, porque ya no sólo tenía que ver con los niños. Estaba en la tienda de comestibles buscando cereales con sabor a fruta. Un empleado de la tienda pasó por mi lado y le dije: «Disculpe, pero, ¿podría...?», y se fue. Caminó de largo por mi lado para ayudar a una mujer que estaba más allá en el pasillo y que estaba teniendo problemas para encontrar azúcar extrafina. Se veía como de 22 años, así que dio la casualidad que ella misma era extrafina. Me quedé sola en mi búsqueda de cereales.

Otra noche, mi esposo y yo estábamos en una fiesta. Llevábamos allí unas tres horas y yo ya estaba lista para partir. Noté que él le estaba hablando a un amigo del trabajo. Así que me acerqué, y cuando hubo una pausa en la conversación, le susurré: «Estoy lista para partir cuando quieras». Él simplemente siguió hablando, y ni siquiera se volvió hacia mí ni tan sólo notó que hubiera alguien parado allí.

Fue allí cuando comencé a atar cabos. No creo que él me pueda ver. No creo que alguien me pueda ver.

Soy invisible.

Todo comenzó a tener sentido, las miradas en blanco, la falta de respuesta, la manera en que alguien entraba en la habitación mientras yo estaba al teléfono y pedía que lo llevara a la tienda. Dentro de mí pensaba: «¿Acaso no puedes ver que estoy al teléfono?» Obviamente no. Nadie puede ver si estoy al teléfono, o cocinando, o barriendo el suelo, o incluso descansando, porque nadie me puede ver en absoluto. Podría pararme de cabeza en la esquina e inevitablemente alguien se preguntaría en voz alta: «¿Está mi camiseta de fútbol limpia?»

Soy invisible.

Cuando sirvo la cena, todos actúan como si ésta simplemente hubiese aparecido de la nada. Los cuatro nos podemos sentar con una comida completa delante de nosotros, y Jake dirá: «Yo no quería leche», como si estuviera hablándole al aire. Es a ese mismo aire al que mi esposo le habla cuando inspecciona la mesa cargada de comida y dice: «No hay mantequilla». He llegado a comprender que esto significa: «No te puedo ver. Ni siquiera me estoy dirigiendo a ti,

pero cuando digo que no hay mantequilla, la mujer de la mantequilla se levantará y la traerá».

Y tiene razón. Listo, la mantequilla aparece como por arte de magia, la leche se cambia por jugo, y continuamos con la cena. Nadie da las gracias, porque nadie ve que alguien haya hecho algo.

Los miembros de mi familia no tienen idea de cómo sus medias regresan a sus cajones; de cómo sus gustos favoritos terminan en esa misteriosa bolsa de papel marrón que está junto a la puerta esperando ser recogida cuando van de salida; de quién viene a recogerlos después de la escuela o de por qué el perro no ya no se orina en la alfombra.

Tim, mi hijo adolescente, le hace caso a todos menos a mí. Mi esposo Miguel les habla a otras personas como si estuviera interesado en los detalles de sus vidas y ni siquiera me pregunta cómo fue mi día. Mi hijo que está en el kindergarten quiere jugar, pero mi cuerpo es tan sólo una montaña sobre la cual pasa sus camiones. Soy nadie. En una habitación atestada de gente, nadie me ve a los ojos. En la tienda de comestibles, sólo soy una madre que viste sudaderas como cualquier otra madre, y que busca los cereales con sabor a fruta que estaban rebajados y que ahora se han agotado. En una cena de negocios, tan sólo soy otra esposa como cualquier otra esposa allí, que trataba de encontrar algo bonito que ponerse y está feliz de salir de casa. Soy invisible.

¿Es esto el resultado luego de 17 años de matrimonio y dos hijos?

Me llamo Carla Fisher, ¿pero acaso importa? La mayoría de las veces sólo soy mamá o cariño, la mujer de la mantequilla o el chofer. Algunas veces soy «¿Te importaría?» o «Cuando tengas un minuto...» también paso como: «Ya que estás levantada», o «Ya que de todos modos estás saliendo...».

Ni siquiera el perro me ve. Tenemos una perra sabuesa de casi cuatro años de edad llamada Bonnie. Esto es especialmente difícil porque Bonnie también es invisible en nuestra familia. La hacen a un lado por mejores juguetes, le dan la vuelta por el vecindario y por lo general la pasan por alto desde que perdió su condición de linda cachorrita. Por un tiempo pensé que tal vez habría un acuerdo entre ambas, pero el otro día lo rompió descaradamente. Me miró directamente y se orinó justo sobre la alfombra. Nunca me quitó los ojos de encima mientras lo hacía. ¡La muy descarada!

Al principio no me importaba ser invisible. Pensé que tal vez se trataba tan sólo de una condición temporal, pero cuanto más persistía,

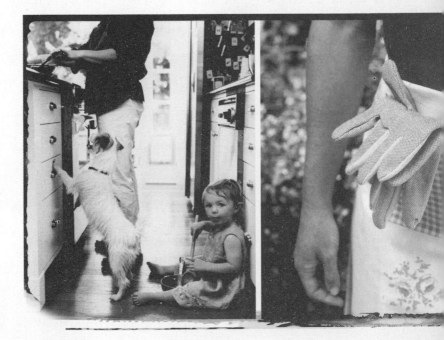

tanto más difícil se hacía lidiar con ella. Cuanto más me entregaba a mi familia tanto más invisible me hacía. Era el efecto totalmente opuesto al que estaba acostumbrada. Ya sea en la universidad o en el centro de trabajo, cuanto más me esforzaba, cuanto más daba, tanto mayor era la recompensa que recibía. Me hacía más visible, no menos visible. Pero en mi casa, cuanto más hago, tanto más se da por descontado. Si preparo el desayuno tres días seguidos, nada pasará si no lo preparo el cuarto día. Hay un encogimiento de hombros colectivo en la familia y a nadie parece importarle de un modo o de otro.

Definitivamente se trata de la ley de los resultados que disminuyen – o que desaparecen: cuanto más haga, ellos menos verán. La mitad de mi temor es que ellos se lleven todo lo que tengo que dar y la otra mitad de mi temor es que no se lleven nada. En los días malos, cuando me encuentro que estoy dando tanto con la esperanza de hacer que ellos me vean, probablemente debo preocuparme menos en cuanto a ser invisible y más en cuanto a estar muerta de agotamiento.

Cuando mis hijos entran en la cocina, a menudo me he preguntado si tan sólo ven un par de manos preparando la comida. Tal vez como las manos con guantes blancos del Ayudante de las Hamburguesas. ¿O acaso ven un delantal atado alrededor de alguna cintura invisible que

está de pie junto a la estufa? Cuando estoy conduciendo el automóvil, ¿acaso ven un cinturón de seguridad vacío, seguro y ajustado sobre el regazo de nadie? Pueden ver todo lo que acompaña a la función que estoy realizando, pero no pueden verme realizarla. Puedo estar de pie junto a la estufa con lágrimas corriendo por mis mejillas y alguien entrará en la cocina y le hará «al delantal» la pregunta inevitable: no «¿Qué es lo que pasa?» sino «¿Qué hay para cenar?»

Algunos días soy sólo un par de manos, y nada más.

¿Puedes arreglar esto?

¿Puedes amarrar esto?

¿Puedes abrir esto?

¿Puedes lavar esto?

¿Puedes sostener esto?

¿Acaso no fueron estas mismas manos las que sostuvieron libros y fueron a la universidad y recibieron un título de abogada? ¿Acaso no tomaron y le estrecharon la mano al Presidente de los Estados Unidos durante un viaje estudiantil a Washington? ¿No son las manos que aprendieron a tocar el piano durante cinco años para poder tocar una cantata de Bach? Lo que sea que éstas fueron, ahora sólo se usan para abrir videojuegos y para lavar ropa interior, para

hacer emparedados de salchicha ahumada y para sostener un puña-
do de soldaditos mientras alguien va al baño.

Otros días ni siquiera soy un par de manos; ni tan siquiera soy
un ser humano,

Soy un reloj al que se le pregunta: «¿Qué hora es?»

Soy una guía de TV que debe responder a: «¿Qué viene después de esto?»

Soy un automóvil al que se le ordena: «¡Tienes que estar allí a
las 5:30!»

Sí, es cierto, éstas fueron las manos que sostuvieron libros y los
ojos que estudiaron historia y la mente que se graduó con honores,
y ahora han desaparecido en medio de la mantequilla de maní, para
nunca más volvérseles a ver. He sido reducida a un par de manos o a
un reloj, y probablemente a un reloj de cucú además. ¿Puedo realmente decir que estudié leyes para esto? *¡Lo que fui un día, ya no lo soy!*

Algunas veces, cuando me reúno con amigos de la universidad o
de la escuela de leyes, los escucho charlar acerca de su trabajo y nunca
puedo encontrar por dónde entrar de lleno en la conversación. Mi trabajo no es, ni en comparación, tan emocionante como el de ellos, a
menos que se considere la investigación de lo que le sucede a diversos

objetos mientras dan vueltas en la secadora. Mis amigos podrían deliberar acerca de un caso del juzgado de gran envergadura, mientras que mi mente divaga en un caso de mi casa. Ése lo acabo de ganar ayer. Un amigo sacó a colación los cambios en el mercado, y mi mente imaginó un cambio de pañales en el supermercado. No creo que mencione alguno de ellos como una contribución mía a la conversación.

Ellos tienen almuerzos de trabajo poderosos; yo tengo almuerzos con los *Power* (Poderosos) *Rangers*. ¿Por qué los unos parecen muy importantes y los otros no tanto? ¿Es la naturaleza de las mujeres querer aquello que no tenemos? ¿Acaso alguna de las mujeres en los almuerzos de trabajo cambia cada plato principal del menú por un emparedado de mantequilla de maní con su hijito? Es gracioso, pero rara vez lo dicen.

Hay muchos días en que pienso que no interesa lo que haga, y entonces puedo hacer lo que me venga en gana. La irresponsabilidad viene con la invisibilidad. ¿Por qué habría de ser responsable cuando mi familia se niega a verme? La responsabilidad se apoya en el reconocimiento, lo cual es un acuerdo, si es que se le puede llamar así. Y parece que no nos ponemos de acuerdo en que yo existo como persona.

Si tan sólo soy un papel o una función, un delantal o un reloj, ¿por qué tengo que preocuparme por mi corazón, por mi voz o por mi espíritu? Los relojes no tienen espíritus. Los delantales no tienen voz. Y una función no se siente herida. ¿De qué sirve tener un corazón cuando no se es más que un delantal?

Me siento como una persona desaparecida a quien nadie echa de menos. Soy la única que se percata de mi fotografía en la parte de

atrás de un envase de cartón de leche. Nadie jamás presentaría la denuncia preguntándose dónde me habría ido, porque nunca sabría que me fui. Como una versión cruel del juego de las escondidas, nadie vendría a buscarme, y al no saber cuándo salir, podría morirme en el lugar donde me he escondido.

Ciertamente mi apariencia no importa. Al menos no le importa a nadie más. Ya sea que me ponga un vestido bonito o que le corte aberturas a algún costal para pasar mis brazos y cabeza, seguiré viéndome «*bien*». Por más que me he esforzado, rara vez he logrado salir, ya sea para peor o para mejor, del término «*bien*».

De repente, la cirugía plástica se ve mucho más atrayente. Con los programas que muestran arreglos y las cirugías reales por televisión, se presenta como la solución más grandiosa para detener nuestra desaparición. A las mujeres las enloquece esto porque tienen el mismo temor que tengo yo. Ellas no quieren desvanecerse – los ojos perfectos y la piel tersa dicen: «Nótenme, ¡sigo aquí!» El tiempo, la preocupación, la responsabilidad; todas estas cosas han conspirado para hacerme invisible con arrugas y pliegues, pero ¡No! Aliso las arrugas y succiono la grasa para no desaparecer en el mundo de las mujeres de apariencia normal que ya no hacen que nadie vuelva la cabeza para verlas.

Cuando una muchacha crece siendo admirada por su apariencia, debe ser insoportable cuando las personas ya no la «ven». ¡Pero con toda seguridad yo no soy ésa! ¿Tengo temor de que mi esposo no valore mi interior más que mi exterior? Para ser honesta, no estoy segura que valore algo de mí, ya sea adentro o afuera. Lo invisible es invisible. De hecho he pensado que si mi esposo no me ve, tal vez debería encontrar a alguien que sí pudiera verme. Pero entonces, se tratará de otro programa otra noche de la semana. Nota personal: deja de ver televisión.

O sea: ¿firmé un contrato para esto? ¿Qué era lo que en realidad esperaba? Cuando quedas embarazada, las personas te dicen que vas a engordar. ¿No debería alguien decirte que un día vas a despertar en medio de un matrimonio y con dos hijos, y que te vas a sentir como si de repente tu vida se hubiese desvanecido? ¿No debería alguien advertirte que tanto un niñito que recién comienza a caminar, como un adolescente y un esposo tienen borradores gigantes y que aun cuando no tienen la intención de hacerlo, simplemente los usarán para hacerte desaparecer del papel de tu vida?

¿No debió alguien decirme que cuando le preguntara a mi esposo qué zapatos debo usar para alguna cena especial, él me respondería:

«Tan sólo ponte algo y vamos, nadie va a notar tus zapatos?» De esa manera no terminaría en un mar de lágrimas porque a nadie le importan mis zapatos, ni siquiera aquella persona con una remota posibilidad de importarle. Podría haber estado un poquito más preparada para cuando ese borrador gigante le diera a otro pequeño detalle, pero se trataba de un detalle que tan sólo me habría asegurado que todavía pertenezco a un mundo de adultos en donde a las personas les importan los zapatos.

Tal vez alguien sí me dijo estas cosas, pero la juventud era una anestesia que adormeció mi mente, haciéndome creer que nunca me podría suceder a mí. Pero me ha sucedido ahora. ¿Acaso me sucedió porque yo, mi verdadero yo, mi yo en su totalidad, simplemente no es lo suficientemente bueno para que se lo siga viendo? ¿Acaso he dejado de ser atractiva, o divertida, o incluso ya ni siquiera vale la pena escucharme?

El sentirme invisible ha hecho salir sentimientos muy extraños de celos. Me siento un poquito desesperada por convencerme a mí misma de que en realidad existo en el mundo real y que realmente soy parte de todo lo que está pasando a mi alrededor, aun cuando se sienta como que no lo soy. Nunca antes he estado celosa, pero si Miguel no me puede ver, entonces no quiero que él pueda «ver» a

alguien más. Si tengo que sufrir por su ceguera, no quiero oír acerca de alguna otra mujer en el trabajo que no sufra por causa de ésta. Y no quiero oír acerca de Carol, la esposa de Bob, y de lo grandiosa que es con sus hijos. ¿Significa eso que Miguel no cree que soy buena con nuestros hijos? ¿Cómo puede elogiar a Carol cuando no me puede elogiar a mí? Si no me ve a mí, ¿por qué ve a Carol?

Algunas veces juego. Si la mujer del baño no limpia el inodoro, ¿lo notará alguien? ¿Qué tan fea se pone la situación antes de que alguien diga o note algo? La respuesta es que ¡caramba! se pone bastante fea. Si la cocinera no pone la comida en la mesa a las 6:30, ¿en realidad le importará a alguien? Si nadie los llama para la cena, ¿se morirán de hambre con gusto? No se morirán de hambre, pero tampoco extrañarán cenar juntos. Me siento atada a una repetición interminable de eventos y no puedo hacer nada para cambiar el resultado. Estoy viviendo la película *Groundhog Day* (Día de marmotas), una y otra vez. Nada de lo que haga parece importarle a alguien. En mi mente sé que esto no es verdad, pero hay días, como en la película, en que quiero ver hasta dónde puedo presionar, y si lo que hago importa o no.

Engordé, no mucho, sólo unos siete kilogramos más o menos, y a nadie le importó. La tierra no dejó de girar, y mi esposo incluso

pareció comprender. Luego adelgacé, y a nadie pareció importarle tampoco. Mis hijos no me prestaban más atención siendo delgada de la que me prestaban siendo gorda. Mi esposo no parecía estar más interesado en mí físicamente, así que escogí ser gorda. Si nadie podía verme, ¿por qué importaba? ¿Por qué no sentarme en la mecedora y cultivar mi relación con los potes de mantequilla de maní de la marca Reese?

Una tarde, Tim entró en la cocina y se comió la otra mitad de un emparedado que yo no había terminado. De todos modos se trata de una aspiradora humana ya que es un adolescente, pero ni siquiera preguntó de quién era el emparedado, por qué estaba allí sobre la mesada, o si estaba bien que se lo comiera. Simplemente lo observé engullírselo. Nunca reconoció mi presencia ni me vio parada allí.

Cuando se dio vuelta para salir, puse mi pie delante. No estoy segura de lo que quería hacer excepto poner algún obstáculo en su camino, aminorar su marcha mientras iba a tomar otra cosa que no le perteneciera. Iba a decir: «¡Ése era mi emparedado, y no lo había terminado!», pero pasó volando por encima de mi pie y cayó en la sala. Se levantó viéndose tan aturdido y confundido. Me podría haber reído, pero sus ojos mostraron un toque de dolor.

«Por Dios, Mamá, ¿por qué me hiciste tropezar? Ni siquiera te vi allí», dijo.

«Lo siento, hijo», le dije corriendo hacia él. «No fue mi intención hacerte tropezar».

«Entonces, ¿por qué sacaste tu pie así?» preguntó, frotándose la marca de la alfombra que estaba enrojeciéndole el codo. En ese momento, ya no importaba el emparedado. Él no me vio así que se lo comió. Aun así, nunca quiero usar la invisibilidad que me hiere para herirlos a ellos. Incluso una persona invisible puede dejar heridas visibles.

Luego, un día estaba dejando a Jake en la casa de Gloria. Ella es una mujer mayor que me sirve de niñera a mí y a otras familias una vez a la semana. Estaba yendo hacia mi automóvil cuando John, uno de nuestros vecinos, me llamó desde la entrada a la casa de Gloria.

«¡Carla!» Su sonrisa era amistosa y cálida, y lo saludé con la mano. Caminó hacia mí con auténtico entusiasmo para hablarme. Él es un doctor bien establecido en nuestra zona y sucede que se acaba de divorciar. Veinte minutos después me di cuenta que había hablado con John por más tiempo y lo había disfrutado como nunca antes. Me sentí atraída hacia él. Me gustó la manera como pronunció mi

nombre. Y la manera cómo me preguntó afectuosamente cómo me estaba yendo, y especialmente la manera cómo me veía cuando le respondía. Entré en mi automóvil sintiendo un poquito de debilidad en las rodillas. Sentí que corría un poquito de adrenalina y un diminuto estremecimiento de emoción.

Veinte segundos después, me asusté de los pensamientos que cruzaron por mi cabeza. Por primera vez pensé que tendría que buscar ayuda.

Decidí almorzar con Janice. Ella es una de mis amigas más cercanas, y una mujer que odiaría si yo fuera inmadura. Tiene una belleza clásica, usa talla 4, y es lo suficientemente inteligente como para haber iniciado su propia compañía de un millón de dólares. Definitivamente el tipo de mujer que a otras mujeres no les gusta e inventan razones para ello, pero ella es auténticamente buena hasta la médula. No es que no tenga problemas, pero tiene una gran perspectiva de la vida, y tiene la madurez para mantener las cosas privadas en privado. Ella estaba por tomar dos semanas de vacaciones a Europa, pero logramos almorzar juntas un día antes de su partida.

Hablamos sin parar desde el té helado y el pan hasta el último pedazo de torta de chocolate. Hacia el final del almuerzo, saqué a

colación este problema de la invisibilidad, y luego me desahogué. Me di cuenta de que aunque recién estaba comenzando a expresarlo en voz alta, lo había estado sintiendo por mucho tiempo. Los sentimientos salieron a borbotones como agua de alguna tubería rota. Lo que había sido una lucha inconsciente por una autodefinición, finalmente se había hecho algo consciente.

Sabía que Janice lo entendería, aun cuando no pudiera identificarse con mi situación en particular. No creía que ella me viera como una persona engreída o egocéntrica, pero esperaba que me lo dijera si así era. En vez de ello, me dijo que simplemente estaba poniendo en palabras los sentimientos que todos hemos tenido tantas veces. Estaba describiendo la tristeza que todos sentimos en los rincones más profundos de nuestros corazones. El aislamiento. El distanciamiento. La soledad.

Luego dijo: «Carla, estás haciendo una pregunta que sólo tú puedes responderte a ti misma. La pregunta es: *¿Acaso importo?* Nadie puede responderla por ti. Tus hijos no pueden darte significado, tu esposo no puede hacer que tu vida cuente. Sólo *tú* puedes encontrar de dónde viene el significado, nadie más puede hacerlo por ti. Es una pregunta profunda que tiene que quedar resuelta en el centro de

quien tú eres, no por lo que sucede a tu alrededor. Tienes dudas acerca de ti misma, así que crees que todos los demás también deben tener dudas acerca de ti».

Debí ofrecerle un cheque por dos horas de terapia, pero en vez de ello le pagué el almuerzo. De camino a casa, muchas preguntas sonaban dando vueltas dentro de mi cabeza.

¿Realmente este temor a la invisibilidad trata acerca de algún tipo de confusión con mi identidad como mujer?

¿Se pregunta toda mujer: ¿realmente estoy haciendo lo correcto?

¿Estoy haciendo buen uso de mi vida?

¿Proviene esto de algún tipo de cambios complejos en nuestra cultura? ¿O ha sido así desde esa tonta manzana?

En realidad no sabía.

Es irresistible y peligroso a la vez pensar que a las otras mujeres les va mejor que a mí, que ellas les importan a sus esposos más de lo que yo le importo al mío, ¡que tal vez incluso las ayudan a escoger sus zapatos!

Cuando veo a una mujer en la tienda de comestibles, puedo escribir su vida en mi cabeza y comenzar a creerla. Si su esposo está con ella caminando por la tienda de comestibles, inmediatamente lo anoto como comprensivo y sensible. El tipo de hombre que dice te-ayudaré-en-todas-las-formas-que-pueda.

Y luego pienso en mi esposo, quien está en casa viendo televisión, y escribo mi propia vida como la compradora de comestibles subvalorada, cupones de descuento en mano, deambulando de arriba a abajo por los pasillos y tratando de ahorrar unos cuantos centavos que a nadie le importan excepto a mí. Más tarde me convierto en la contadora de la familia, levantada tarde en la noche acompañada por mi calculadora, siguiendo la cuenta de todo el dinero que he ahorrado, haciendo cheques para pagar las cuentas, tratando de equilibrar nuestro presupuesto. Me siendo como Bob Cratchet en el cuento «Villancico de Navidad» de Charles Dickens, agachado sobre sus libros de contabilidad en el solitario rincón de una habitación a la luz de una vela. Desciendo en espiral a la velocidad de la luz en un abismo sin fin de autocompasión. La historia de mi vida termina trágicamente, y muero sola y sin amor.

¡Ay, por favoooooor! Bueno, sé que no es verdad, pero así es como se siente algunas veces.

El conflicto con la invisibilidad es cómico y trágico. Puedo reír y llorar casi al mismísimo tiempo. Algunos días es gracioso y tonto

cuando es tan obvio y no me queda más que reírme. Pero también es terriblemente triste. Me siento atada a este extraño pequeño aspecto de la condición humana, sin plan de escape alguno. Parece que hay muchas medicinas que ayudan a no sentirlo, pero ninguna lo suficientemente fuerte como para curarlo.

Pero algunas veces, como después de ese gran almuerzo con Janice, me siento mejor. Es bueno tan sólo poder articular mis sentimientos y reírme y llorar por la tensión. Además, muy en lo profundo, sé que Janice tiene razón. Sé que voy a tener que responderme a mí misma a esa profunda pregunta: *¿Importo?*

2.

Capítulo dos

La divina Desaparición

capítulo dos

La divina Desaparición

Un par de semanas más tarde, un grupito nos íbamos a reunir en la casa de Janice. A todas nos encanta ir a la casa de Janice. Su hogar es bello y siempre tan lleno de paz, tal vez porque no tiene hijos. Al parecer, ella había realizado un fabuloso viaje a Inglaterra y Francia, y había fotografías que ver e historias que contar.

Me encantaba ver la libertad que Janice y su esposo tenían para viajar y disfrutar de la vida, pero esa noche en particular no pude evitar pensar que para cuando volviera a tener una vida propia para mí, probablemente sería demasiado tarde para disfrutarla. No estaba de muy buen humor. Miguel llegó tarde del trabajo y yo no pude partir sino hasta que tratáramos un asunto con relación a la maestra de Jake. Así que me detuve frente a la casa de Janice, tarde otra vez,

con una blusa muy arrugada, habiéndome aplicado el lápiz labial en el automóvil, y con el cabello sucio recogido en una cola de caballo. No estaba en el mejor de los ánimos para ver fotografías de la campiña inglesa o de ninguna otra campiña en realidad.

Pero como siempre, estar con amigas hace que todo esté mejor una vez que se está allí. Al poco tiempo de haber llegado, me pude relajar, las preocupaciones del hogar tomaron su debido lugar en el fondo, y todas tuvimos una velada muy linda.

Cuando me retiraba, Janice se excusó para acompañarme hasta el automóvil. Mientras cruzamos el césped ella me dijo lo mucho que había estado pensando durante su viaje en la conversación que habíamos tenido en nuestro almuerzo juntas antes de su partida. Comencé a reírme y a disculparme de que mis inseguridades la hubiesen seguido hasta el otro lado del charco, pero ella no me dejó terminar antes de entregarme un libro bellamente envuelto.

«En el momento que lo vi», me dijo, «supe que tenía que traértelo». Me dio un rápido abrazo y me susurró: «¡Sigue adelante!», y se dirigió de vuelta a sus invitadas dentro de la casa.

Conduje a casa preguntándome qué clase de libro me habría traído Janice. Llegué a una casa en la que todos ya estaban dormidos y a un

fregadero lleno de platos sucios. Desenvolví el regalo de mi considerada amiga y me encontré viendo un libro acerca de las grandes catedrales de Europa. La fotografía en la portada era una imagen absolutamente impresionante de los vitrales iluminados por el sol en la Catedral de Notre Dame. Tenía mucha curiosidad al abrir el libro. Vi la conocida letra en garabatos de Janice y leí su inscripción. «Con admiración por la grandeza de lo que estás construyendo cuando solo Dios lo ve».

Sentí el pequeño escozor de una lágrima mientras subía por las escaleras para irme a dormir. Miguel ya estaba roncando así que no hablé con él, además, ya era bastante tarde. Coloqué el libro sobre mi mesa de noche y tan sólo me quedé mirando la portada. ¿Las grandes catedrales? Agradecía el libro, pero ahora no estaba tan segura de que Janice hubiera entendido totalmente nuestra conversación. Me sentía un poquito avergonzada de que ella supiera, o creyera que supiera lo suficiente acerca de cómo me sentía como para traerme alguna «ayuda». Sentirme como la obra de caridad de alguien no está precisamente entre los primeros lugares de mi lista de sentimientos favoritos. Me cambié para meterme a la cama y me cepillé los dientes. Una vez acurrucada bajo las sábanas, abrí el libro y de inmediato me quedé dormida mientras leía el índice.

Al día siguiente era sábado. Luego de la conmoción matutina y de un almuerzo con los niños y niñas de cinco años del vecindario, hice mi primer intento de comenzar a leer el libro. Sería lindo decirles que puse la tetera para hacer té y que me acurruqué en mi silla favorita junto al fuego. Pero la verdad es que pasé dejando de lado el caos en la cocina donde Jake le estaba gritando a Tim en medio de lágrimas y de un drama: «¡Te comiste el chocolate con mantequilla de maní que había guardado para mí!.» Pasé dejando de lado a mi esposo que estaba sentado en el suelo de la sala separando cuidadosamente las partes de algo que parecería estar roto. Se me ocurrió que podría estar a punto de romperlo un poquito más de lo que estaba, pero seguí caminando. Finalmente llegué a mi santuario. Cerré con llave la puerta del baño y abrí el libro para comenzar a leerlo.

Ya que era muy poco lo que sabía acerca de las grandes catedrales, comencé a aprender de inmediato.

A lo largo de un período de tres siglos, de 1050 a 1350, se abrieron canteras para extraer varios millones de toneladas de piedra en Francia para la construcción de catedrales e iglesias. «Durante esos tres siglos se excavó en Francia más piedra de la que se excavó en

cualquier otro momento en el antiguo Egipto. Los cimientos de las catedrales son tan profundos como una estación subterránea de París, y en algunos casos hay tanta piedra debajo del suelo como la que se puede ver encima de éste».

Quedé atónita ya que no tenía idea del tamaño de esos edificios. Por ejemplo, el capitel de la catedral de Estrasburgo en Francia equivale a un rascacielos de 40 pisos. Otra catedral francesa, la de Amiens, era lo suficientemente grande como para que toda la población de la ciudad, unas diez mil personas, pudiera reunirse para asistir a un servicio religioso. Eso no me sonó tan impresionante hasta que el autor destacó que en términos modernos, esto significaría construir un estadio lo suficientemente grande como para acomodar a un millón de personas en el corazón de una ciudad con una población de igual número. Incluso el estadio más grande en el mundo hoy sólo tiene capacidad para 240.000 personas.

Pasarían muchas páginas antes de que pudiera entender por qué Janice me había traído este libro, pero el tema era lo suficientemente interesante como para mantenerme leyendo hasta que llegara a ese punto. Luego leí una frase que comenzó a aclararlo todo:

«Se conoce el nombre de algunos de los arquitectos y de los obispos que se encuentran detrás de unas cuantas de estas grandes edificaciones, y se les da mucho crédito por su trabajo, pero *la vasta mayoría del trabajo, de la albañilería, de la mampostería, de la carpintería, y de los vitrales fue hecha por personas cuyos nombres la historia jamás revelará*».

Rápidamente hojeé el libro, escudriñando las fotografías y los detalles. Había muy pocos nombres. Una y otra vez, al escudriñar debajo del título «constructor», encontraba la palabra «desconocido». Las catedrales fueron construidas fundamentalmente *por personas cuyos nombres la historia jamás revelará.*

Mientras leía acerca de la magnitud de lo que habían logrado, me parecía incomprensible que nunca sabríamos quiénes son. Aunque algunos han llegado a ser famosos, la mayoría han seguido dejando a la historia perpleja por su desaparición. Su albañilería y mampostería captaron el espacio vacío y lo inundaron de luz, creando un triunfo arquitectónico que nunca antes se había alcanzado. ¿No deben estas personas, tal vez algunas de ellas mujeres, ser aplaudidas por la manera en que la calidad de su trabajo artístico dejó una bella marca en la historia del mundo?

Hice una pausa y pensé: *Está bien, Janice, lo capto.* Janice me estaba mostrando la grandeza anónima. Y cómo se puede hacer el trabajo

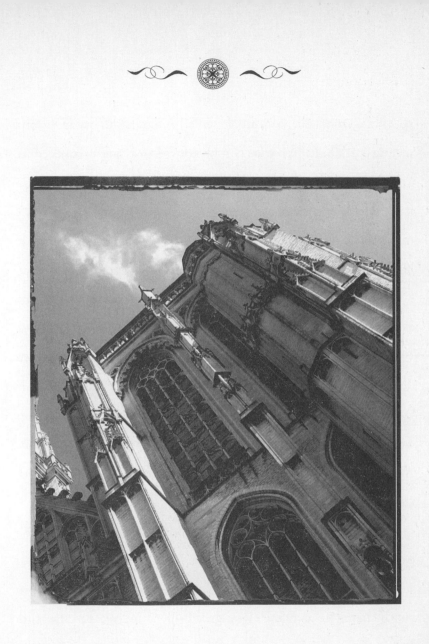

por otras razones que no sean el crédito, demostrando que la historia todavía puede brillar sobre los nombres de personas que no conocemos.

Pero eso era sólo el comienzo. Durante días estudié las páginas y las fotografías de las grandes catedrales. Volví al libro una y otra vez. Lo leía y lo releía siempre que podía hacerlo, llevando el libro de habitación en habitación mientras me ocupaba de mis cosas.

Se requirió de más de cien años para que muchas de estas catedrales fueran terminadas. Esa frase pasó de frente por mi lado la primera vez que la leí. No fue sino hasta que la leí por segunda vez en que caí en la cuenta de lo que eso podría significar. Cien años era mucho más que toda la vida útil de un hombre, lo que significaba que muchos constructores dedicaban sus vidas enteras a una obra que jamás verían culminada. Algo resonó dentro de mí, *dedicaban sus vidas enteras a una obra que jamás verían culminada.*

Traté de imaginar el pesar que debió sentir el habitante de una ciudad medieval al saber esto. Su única esperanza era que su hijo o su hija algún día vería la obra culminada por la que él había dado su vida. ¿Haría este artesano algún gran esfuerzo por ver la estructura terminada con los ojos de su espíritu, tratando de imaginar aquello en lo que los ladrillos se convertirían? Debió haberlo hecho, si sólo

así necesitaría de esa visión para mantenerse inspirado cada día. Al mirar a su alrededor, todo lo que veía era escombros y polvo y una interminable cantidad de cosas por hacer. Y sin embargo, seguía trabajando.

Tal vez no tenga que decirlo, pero de repente, el lavado de la ropa se hizo mucho más manejable. El libro estaba comenzando a darme una perspectiva que no había podido encontrar por mí misma. Y seguía leyendo.

Por primera vez en la historia, el artista gótico miró su existencia ordinaria y la elevó a la categoría de belleza. Si bien muchos de estos constructores y obreros eran habitantes de ciudades, una gran parte de ellos también eran monjes. Pero a diferencia de los monjes de tiempos anteriores que estaban ensimismados en la vida intelectual, *estos monjes consideraban el trabajo manual como una forma de oración.* En otras palabras, decidieron que de hecho podría ser santo ensuciarse las manos para Dios. Oraban con sus herramientas y habilidades, lo cual obviamente tenía su compensación, ya que su trabajo sobrepasó el trabajo anterior en cuanto a su excelencia y belleza. Tal vez eso se dio debido a que sus esfuerzos estaban profundamente inspirados e infundidos con un propósito santo nunca antes dado a la obra de las manos.

¿Cómo es que había oído de las grandes catedrales durante todos estos años, e incluso había visto fotografías de ellas, pero nunca había leído cosas como éstas?

Una historia que fue particularmente conmovedora era la de un hombre muy prominente que fue a visitar una catedral que estaba siendo construida. Se detuvo a observar a uno de los obreros, tal vez un monje. Vio al obrero tallar una diminuta ave en el interior de una viga que finalmente sería cubierta por el techo de piedra. El hombre le preguntó al obrero por qué desperdiciaba tanto tiempo y le daba tanta atención a algo que nadie jamás vería. El constructor jamás levantó la mirada. Nunca dejó de tallar al tiempo que contestaba: «Porque Dios ve».

Años más tarde, Martín Lutero instó a personas ordinarias, no sólo al clero, a que encontraran la misma perspectiva. Le dijo al mundo que no era la naturaleza del trabajo lo que la hacía santa. Ordeñar una vaca no era menos santo que dar una ofrenda. Lutero creía que un ama de casa tenía un llamado tan grande como el de un sumo sacerdote, y que ambos debían realizar su labor como si sólo Dios estuviera observando. La santidad viene de Dios y del corazón que realiza la obra.

Alguien debió haber estado escuchando, porque ahora, siglos después, leemos de estatuas exquisitamente talladas escondidas detrás de paredes, visibles sólo colocando un espejo a través de agujeros en el revoque. Parece que los artistas medievales tapiaron algunas de sus mejores obras porque creían que Dios mismo las veía, y las dejaron sólo para los ojos de Dios. Quedé sorprendida al leer que algunas de estas obras tan sólo se han descubierto el siglo pasado.

Estos artesanos medievales jugaron una versión santa de las escondidas, la cual perduró por cientos de años. No fueron otras personas las que escondieron sus obras; sino ellos mismos. Y a diferencia de mí, ellos jugaron a las escondidas a propósito. No temían que nadie descubriera lo que habían hecho. Aquél que realmente importaba ya lo había descubierto.

Un monje constructor de catedrales del siglo XII llamado Teófilo, uno de los pocos que la historia ha revelado, ofrece esta explicación para su obra y sus escritos: «No he anotado mis preceptos por amor a la alabanza mundana, ni con la esperanza de una recompensa aquí en esta tierra... he querido proveer a las necesidades y ayudar al progreso de muchos hombres para la mayor honra y gloria de Su nombre».

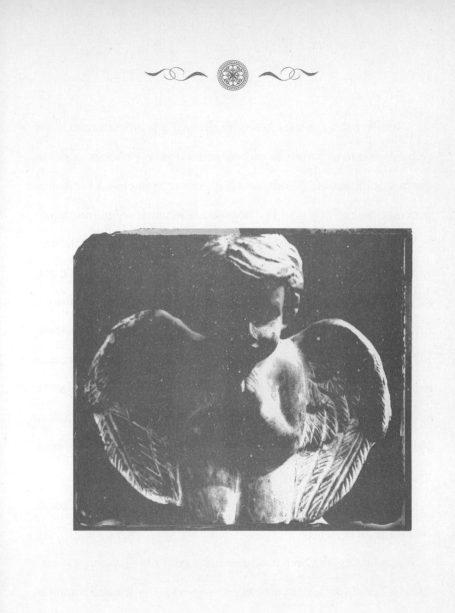

Teófilo había contestado completamente a la pregunta con la que yo había estado luchando. Él no necesitaba que las personas lo vieran. No buscaba alabanza mundana ni una gran recompensa. Él trabajaba para algo mucho más grande. Dios mismo le había conferido significado e importancia a su obra, y era a Dios a quien él buscaba alabar.

Estas catedrales no se construyeron en épocas fáciles. Su arquitectura reflejaba los conflictos de sus tiempos, captando el caos y la complejidad de su mundo medieval, lo que, de manera interesante, todavía refleja la realidad en nuestro mundo. Las catedrales góticas expresan *«un grito de sufrimiento humano como nunca antes emoción alguna se había expresado o que probablemente vuelva a encontrar expresión. El deleite de sus aspiraciones se eleva hasta el cielo. El patetismo de su auto-desconfianza y de la angustia de la duda, queda enterrado en la tierra como su último secreto».*

Aspiraciones que se elevan hasta el cielo y la angustia de la duda enterrada en la tierra.

Al mirar las fotografías de catedrales como la de Notre Dame y Chartres, podía ver la tensión en el estilo que el autor describe como «las aspiraciones que siempre son hacia arriba pero que siempre están ancladas hacia abajo». Éste es un estilo arquitectónico único que demuestra el peso del esfuerzo, y sin embargo, todo el peso parece invisible a los ojos.

De todo el simbolismo elaborado que se ha sugerido para la catedral gótica, puede que la manera más vital y más perfecta sea esa esbelta nervura, el movimiento en salto del arco quebrado, el salto hacia debajo del arbotante, el esfuerzo visible por librarse de una tensión visible, nunca nos permite olvidar que sólo la fe la sostiene, y que, si la fe falla, el cielo está perdido.

Al observar las fotografías más de cerca, podía ver que el autor tenía razón. El capitel parecía impertérrito y ajeno a las fuerzas que lo jalaban hacia abajo. En estas estructuras reales y magníficas, lo visible está sostenido por lo invisible – la fe. Y eso hizo surgir otra pregunta interesante: si lo invisible se pierde, ¿se ha perdido todo?

¡Cuánto he querido perder mi invisibilidad! Tal vez nunca me he dado cuenta de todo lo «visible» que sostiene. He considerado mi vida diaria, me he anclado en el polvo de las responsabilidades y realidades como si eso fuera todo lo que hay. Pero como ese capitel, mi corazón siempre está esforzándose, alcanzando, y aspirando a más. Estas dos fuerzas en direcciones opuestas parecen existir juntas, y las catedrales ilustran el valor intrínseco de esta tensión magnífica y terrible, y claramente revelan la belleza en ella.

Me detuve a pensar en una última fotografía asombrosa. Era una foto de la capilla superior de la Santa Capilla en París. Como una joya suspendida, esta capilla es una muestra deslumbrante de que, tal y como lo destaca el autor, parece carecer de soporte visible alguno. Constructores invisibles crearon lo que parece ser un soporte invisible. Su edificación parece reflejar bellamente los corazones de aquellos que estaban construyéndola, corazones que contaban con el soporte invisible de la fe.

Los vitrales de la Santa Capilla contienen suficientes piezas de colores como para desplegar las 1100 historias bíblicas que allí se ilustran. Estas obras de arte fueron creadas por 30 maestros vidrieros, todos ellos desconocidos, quienes laboraron por más de seis años tan sólo en las ventanas. Con una altura 15 veces mayor a la de su ancho, estos cuadros que parecen joyas ilustran las historias bíblicas que animaron los corazones y las mentes de los vidrieros. Ellos crearon, sacrificaron, y trabajaron de manera invisible, esperando y tal vez incluso confiando osadamente en que su obra traería gloria y honra a Dios.

Hacia el final del libro, el autor expresó su creencia de que ninguna catedral podría construirse a lo largo de nuestras vidas, porque

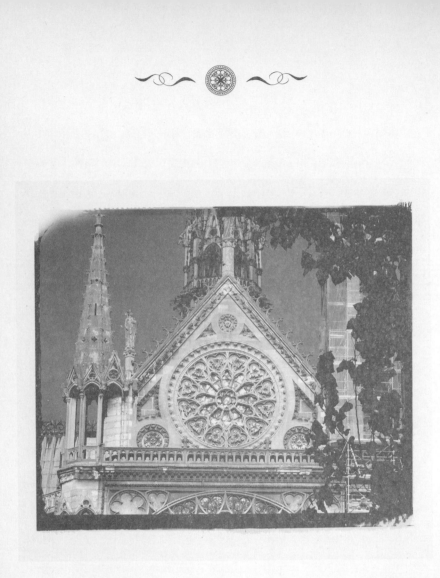

existen tan pocas personas que estarían dispuestas a sacrificarse a tal grado. Esto hace que me pregunte si cada vez hay menos personas que tuvieran una fe tal que inspirara tal grandeza. Algunos de estos obreros, como los artistas anónimos de los vitrales, no tenían idea del impacto que tendría su obra al desempeñar el papel de un libro de ilustraciones, convirtiéndose en la primera Biblia que algunas personas jamás habían visto. Muchos jamás vieron su vitral terminado y colocado en su hogar final en la catedral. Pero deben haber sabido que cuando las personas miraran a través de sus ventanas, verían el mundo de manera diferente. Así que se sacrificaron y crearon una figura más grande de la que ellos mismos pudieron ver en su totalidad.

Mi mente estaba tratando de captar tan sólo cuánto tenían que enseñarme estos constructores, cuánto tenían que enseñarnos a todos nosotros. Definitivamente comprendían lo que era el sacrificio, de una manera que nosotros ya no comprendemos. Ellos creían lo suficiente en la grandeza de su propósito como para presentarse día tras día a un trabajo que jamás verían culminado, para trabajar en una edificación en la que su nombre jamás aparecería, confiando en que por medio de sus esfuerzos desinteresados estaban haciendo una contribución perdurable al mundo.

Cerré el libro, y me senté sola por un momento. Quería conservarlo todo en mi corazón. Era casi como si escuchara a Dios decir: «Carla, te veo. No eres invisible para mí. Veo los sacrificios que haces cada día. No me pierdo nada. Ningún acto de bondad, ningún emparedado de mantequilla de maní, ninguna selección de zapatos es demasiado pequeño para que no lo note ni me haga sonreír. Veo tus lágrimas de decepción cuando sientes que te pasan por alto o cuando las cosas no van de la manera que quieres. Pero estás construyendo una gran catedral, y no hay forma en que en este momento veas en lo que en última instancia llegará a ser. No quedará terminada a lo largo de tu vida y nunca podrás vivir allí, pero si la construyes bien, yo lo haré».

3.

Capítulo tres

El disfraz más
...Bello del amor

capítulo tres

El disfraz más
...Bello del amor

$\mathcal{M}$e senté a la mesa de la cocina con mi taza de café, viendo la pequeña pila para pájaros afuera en nuestro patio trasero. Mayormente recibimos a los gorrioncitos marrones y comunes. De vez en cuando recibimos una urraca de América, pero son aves mezquinas. Aunque tienen una bella apariencia, son ruidosas y se meten tomando lo que quieren con muchos empujones y haciendo todo a un lado; se pavonean en la pequeña pila como si fueran las dueñas. Hay mucho dramatismo cuando hay una urraca cerca, pero mayormente sólo están los gorriones. Hay uno pequeñito con una pata lastimada que salta solo alrededor del borde sobre una pata. Parece que espera hasta que no haya moros en la costa para tomar su baño. Sólo puedo distinguirlo por su saltito.

Sentada y observando, pensé en el pasaje de la Escritura que dice: «Ni uno [de esos gorriones] caerá a tierra sin que lo permita el Padre... Así que no tengan miedo; ustedes valen más que muchos gorriones». Pensé en la pregunta y en lo sabia y perspicaz que era. Tal vez en realidad no creía que valía tanto o que mi vida importara. Tal vez tenía temor de caer a tierra sin que nadie lo notara. Sí, y terminar con mi retrato en la parte posterior del envase de cartón de leche.

Pensé en ese pajarito que el artesano estaba tallando dentro de la viga. ¿Recuerdan, el que quedaría cubierto por el techo y que nadie sino Dios vería? ¡Tenía que ser un gorrión! Ése debe haber sido el mensaje que el constructor estaba tallando en la viga. Si veía su trabajo como una oración, tal vez ésa fue su oración mientras daba forma a ese pajarito: *Padre, ayúdame a recordar que Tú ves al gorrión, y que también me ves a mí.*

Jamás habría podido saber que cientos de años después, yo leería acerca de su trabajo en un libro. Él pensó que su ofrenda era invisible a todos excepto a Dios. Ese constructor nunca sabrá que su fidelidad a Dios en el siglo XII llegaría a mi corazón del siglo XXI y que me alentaría más allá de toda medida. O tal vez lo sabrá. Tal vez Dios le concederá un vistazo de la manera en que su trabajo inspirado sirvió para inspirarme a mí.

Sentada a la mesa en medio de las migajas del desayuno, meditaba sobre las palabras de una antigua canción del evangelio, permitiendo que las palabras que me eran familiares inundaran mi corazón con su nuevo significado: «Canto porque soy feliz. Canto porque soy libre. Sus ojos están puestos en el gorrión. Sé que me ve a mí».

Si no hubiera sido tan cursi, habría podido llamar a Janice y se la habría cantado por teléfono. Tal vez la lleve a almorzar y trate de explicarle el impacto que el libro ha tenido y que seguirá teniendo en mi vida. Si bien no parece ser muy realista decir que todo parecía diferente, no sería honesto decir otra cosa. Yo era y probablemente todavía soy invisible para mi familia y el jurado queda eliminado en cuanto a Bonnie, la sabuesa mixta, pero yo no soy invisible para Dios. Las grandes catedrales estaban comenzando a inspirar mi corazón. Me encontré recibiendo poder de una manera muy profunda por medio de esta nueva comprensión de que Dios me ve, y quería aferrarme a esta nueva verdad desde el interior por un rato. Seguí pensando. *Si Dios ve cada detalle de mi vida, y no soy invisible para Él, ¿cómo marcará esto alguna diferencia en mi vida?*

Durante semanas llevé el libro conmigo a todas partes. Lo tenía conmigo en el cuarto de la lavandería, o en alguna parte de la cocina

como un recordatorio. Cuando estaba preparando la cena lo veía allí y me recordaba a los constructores o a los vidrieros que hicieron los vitrales y la manera en que vieron su obra. De pie junto a la estufa, comencé a susurrar oraciones para que Dios me ayudara a comenzar a ver mi propio trabajo de esa misma manera.

Una tarde, en la librería, vi un pequeño bloc con un pajarito diminuto dibujado a lápiz. Me gustó de inmediato y lo compré, y lo puse junto con el libro para que pudiera anotar algunas de las cosas que estaba pensando. Lo primero que anoté fue: ¿Qué significaría para mi vida diaria si pudiera ver el trabajo que hago como una verdadera forma de oración? ¿Qué pasaría si inclinara mi cabeza sobre la ropa sucia e hiciera una oración de bendición en vez de mi acostumbrada queja? ¿Cómo podría ver mi papel como esposa y madre de dos varones como si estuviera construyendo una gran catedral? ¿Cambiaría esto mi día, o más precisamente, mi corazón? ¿Cómo se esparce mantequilla de maní como si fuera una gran ofrenda a Dios? ¿Se esparcirá con mayor facilidad?

Definitivamente necesito de la misma fortaleza que tuvieron mis predecesores constructores de las catedrales para presentarme en mi propia obra sin desalentarme porque no puedo ver el producto

> *Puede que te sientas invisible en el mundo, pero no eres invisible para Dios.*

terminado al final del día, de la semana, o del mes. Exactamente igual como aquel habitante de la ciudad medieval, la mayor parte de lo que veo a mi alrededor está en construcción e inconcluso, cubierto bajo una nube de polvo y rodeado de caos. Pero volver la mirada atrás en la historia me permite ver cosas que aquellos artesanos y artesanas no podían ver. Tener la visión a largo plazo revela todo lo que sus sacrificios lograron.

Uno de los monjes, Abelardo, cita a un maestro de Chartres, quien dijo: «Somos como duendes montados sobre los hombros de gigantes, para que podamos percibir mucho más que ellos, no porque nuestra visión sea más clara, no porque seamos más altos, sino porque somos elevados a una mayor altura gracias a su gigantesco tamaño».

¡Qué altura tengo porque puedo pararme sobre los hombros de aquellos constructores! El panorama de la historia se me presenta cientos de años más abierto a mí de lo que se le presentó incluso a Abelardo. Con una nueva visión, concebida sobre aquellos fuertes hombres, soy elevada a una nueva altura. Seguí haciendo mis rondas con el libro y el bloc; anotando todo lo que necesitaba recordar. No quería ser elevada a esta grandiosa y nueva altura y luego olvidar lo que vi mientras estuve allá arriba.

Caí en la cuenta que muchas de las artistas femeninas a las que más respeto han escrito poesía, canciones, historias, o han pintado lienzos desde un lugar oculto, tratando de abrirse paso en el mundo. Es gracioso, uno pensaría que, al estar tan consciente de mi propia

invisibilidad, yo las habría tenido en mente. Sylvia Plath, Maya Angelou, Janis Ian, Georgia O'Keefe, Flannery O'Connor, Carole King, todas estas mujeres han creado arte a partir de sus sentimientos de invisibilidad. A partir del dolor y de la perseverancia, ellas han construido o todavía siguen construyendo sus catedrales en el mundo. En diversas formas, le están gritando al mundo, o están susurrando a nuestros corazones: «los vemos».

Al igual que yo, las mujeres que se sienten invisibles no ven automáticamente a los demás. Imagino que me concentré con tanta fuerza en mi propia invisibilidad que estuve ciega a la invisibilidad de cualquier otra persona. No podía ver a todas las demás mujeres a mi alrededor que tienen sentimientos similares y que comparten el mismo dolor. Pero Dios ve. Y aunque me sienta invisible, en realidad no lo soy. Esto ha abierto mis ojos a muchas otras personas invisibles que viven, respiran, y luchan a mi alrededor. El mundo ha cobrado vida con personas invisibles.

Una vez que tus ojos han sido abiertos no los puedes cerrar. El himno «Sublime Gracia» fue escrito por John Newton, un traficante de esclavos cuyos ojos fueron abiertos. Él describió esa gracia, diciendo que una vez había sido ciego pero que ahora podía ver. Eso

era asombroso para él. Dios lo vio y luego él pudo ver todo a su alrededor. Finalmente vio a los esclavos invisibles, y una vez que los vio, nunca más pudo dejar de verlos.

Estoy de pie a una gran altura sobre los hombros de gigantes y con una visión de la vida mucho más amplia y extensa como nunca antes la había visto. En mi campo de visión hay innumerables personas que nunca antes había notado sino hasta que quedé convencida de que Dios me ve.

Veo a una madre sola en la tienda de comestibles. Finalmente, el bebé está en el cochecito arrullándose feliz, pero todavía queda un poquito de lo que el bebé escupió sobre el hombro izquierdo de la blusa de mamá. Ella está sosteniendo la mano de un niñito pequeño, pero nadie sostiene la suya, como lo revela su dedo sin un anillo. Compra un galón de leche y avanza rápidamente. Tiene más mandados que hacer sola antes de lograr llegar a una casa vacía para cambiar más pañales y servir más cereal. Esta noche llorará cuando la tristeza se meta bajo las sábanas con ella. Luego de un día totalmente duro, nadie está allí para abrazarla y susurrarle que todo estará bien. Ser una madre sola la ha hecho invisible.

Veo a mi vecina, Susan. Una mujer de color ya mayor, se siente invisible por razones de las que nada sabría alguien con mi piel blanca. Pero puedo ver la manera en que todas las personas que nunca la ven allí constantemente le dan de topetazos, personas que sienten «la seguridad» de poder decir cosas horribles en su presencia como si ella ni siquiera estuviera allí. Ella recibe moretones y queda adolorida por los comentarios y las palabras poco cuidadosas que golpean su corazón como si le lanzaran piedras. La visión estrecha de las personas ignorantes amenaza con borrarla de la existencia cada día. Y cada noche ella aplica el bálsamo del perdón sobre su alma tierna y adolorida. Pero su color la hace invisible.

Veo a una mujer en el parque caminando con su hijo que tiene necesidades especiales. Siento su dolor por la ceguera del mundo. La gente no puede fijar la mirada en su hijo. Sus ojos sin idea de lo que sucede pasan dejándolos a ambos de lado. El corazón de ella se tambalea bajo el peso del temor de que su hijo sea marginado en la escuela porque las personas no pueden verlo en realidad. Ella suspira llena de frustración al tratar de lidiar con la falta de cooperación del niño, un niño que ella, comprende y odia al mismo tiempo. Como madre de un niño con necesidades especiales, ella es invisible.

Veo a una mujer soldado que lucha por nuestro país, temerosa de que la olviden en casa. Sin forma alguna de comunicarse y decir dónde está o qué es lo que se le está pidiendo que haga, ella duda de sí misma. Se pregunta si está o no haciendo lo correcto y se cuestiona si estará marcando alguna diferencia. Día tras día ella lucha una batalla que, con la excepción de los octetos para dar las noticias y de los conteos, es bastante invisible para el resto del mundo. Siento la angustia de ella por las personas que no pueden apreciar la libertad que tienen, o el alto costo de mantenerla. La guerra la ha hecho invisible.

Veo a una mujer calva y delgada que se da vueltas en la cama, tratando desesperadamente de dormir luego de que drogas «sanadoras» la han forzado a vaciar el contenido de su estómago por cuarta vez. Optimista como siempre, ella se llama a sí misma una «sobreviviente» del cáncer. Aunque está rodeada de amor, el dolor con el que está viviendo la mantiene escondida de muchos de sus amigos más cercanos. Ella está en su habitación, con las persianas bajadas y la puerta cerrada, preguntándose por qué tiene que ir a quimioterapia hoy cuando sus amigos van a ir al museo. El cáncer la ha hecho invisible.

Todos los sacrificios silenciosos, el valor escondido, las semillas de mostaza de fe, y las determinaciones obstinadas, nada de eso es invisible para Dios. Si veo a estas mujeres a mi alrededor, con mi visión limitada, ¿cómo debe verse el panorama desde el cielo?

Anoté en mi bloc con el pajarito: Ilumina los sacrificios de los demás que son invisibles para el mundo.

Ilumina los sacrificios de los demás que son invisibles para el mundo.

Triste decirlo, el período de las grandes catedrales terminó tanto para los ingleses como para los franceses durante los siglos XIV y XV. Se hicieron muchos intentos por revivir la era, pero los fondos que se recaudaron nunca fueron suficientes, y finalmente, las personas ya no respondieron a los llamados a construir casas para Dios. En algún lugar en el camino, la corrupción entró en escena, y surgieron los excesos y otros problemas. Los constructores se organizaron en poderosos gremios y defendían incesantemente sus derechos. De alguna manera, la fe profunda y elevada de los siglos XII y XIII se desvaneció, dejando de inspirar el alma y de encender el corazón.

¡Y cuán poco he confiado en mi propia fe para buscar fortaleza! Recién estoy comenzando a volver a la vida al descubrir cuán fuerte e intencional era la fe para aquellos constructores, sin mencionar cuán esencial lo es para mí.

En algún lugar a lo largo del camino, me las arreglé para hacer a Dios «invisible» en mi vida, colocándolo en la misma posición en que mi familia me había puesto a mí. No veía lo que Dios estaba haciendo, así que lo traté como si no estuviera allí. Tenía en mi mente que Dios sólo tenía que responder a mis oraciones (¿el Dios de la mantequilla?) y luego salirse del camino y desaparecer.

Pensarías que, después de saber cómo se siente ser invisible, yo sabría hacer algo mejor que tan sólo confiar en lo que podía ver. Estoy bastante segura de que eso me hace una hipócrita invisible. Pero sólo porque no podía ver a Dios no significaba que Dios no estuviera allí, no más de lo que yo no estoy allí cuando mi familia no me puede ver.

Es tan tentador creer que me estoy perdiendo algo. Gran parte del mundo me lo susurra. Las figuras de los deportes de la TV y los actores de películas multimillonarias, las glamorosas supermodelos, y los poderosos ejecutivos comerciales desfilan por mi lado como si estuviesen viviendo lo máximo de la existencia. Es difícil no confiar en lo que veo. Sólo la fe puede rebatir esa percepción equivocada. Sólo la fe me convence de que la realidad es mucho más que la realidad sintética que veo cuando prendo la televisión. Haré bien en impedir que mi fe en lo que no puedo ver sea eclipsada por cualquier cosa que vea a mi alrededor.

He pensado mucho en el papel que la fe desempeñó en la construcción de las grandes catedrales. La fe fue el cemento entre las piedras, la fe fue el plomo que aseguraba las piezas de vidrio, y la fe fue la fuerza de los arbotantes. Las palabras del autor regresaron a raudales, «el esfuerzo visible por librarse de una tensión visible nunca

nos permite olvidar que sólo la fe la sostiene, y que, si la fe falla, el cielo está perdido».

Hablando objetivamente, el cielo nunca está perdido, y la fe no falla, pero cuando yo fracaso en reconocer la fe, entonces el cielo está perdido para mí. No el lugar del cielo, por supuesto, sino que la perspectiva que la eternidad le da a mi vida hoy se pierde o al menos hace que resulte impotente para darme fortaleza o esperanza alguna. Si lo invisible es cambiado por lo visible, entonces pronto me doblaré bajo la tensión.

Tomé mi bloc y escribí otra notita para recordarme que...

el cielo puede ser el mayor propósito en la tierra.

El cielo puede ser el mayor propósito en la tierra.

Crecer, casarse, tener hijos, madurar, engordar, perder la vista, todo se suma para borrar mi vida. La invisibilidad me fue lanzada encima como una frazada de la que no podía salir. Pero ahora que estoy aprendiendo a confiar en que Dios realmente me ve, estoy viendo la invisibilidad de una manera diferente. Tal vez el desaparecer pueda convertirse en una cuestión de elección. Tal vez pueda usar la invisibilidad como un disfraz para operaciones de amor encubiertas. Tal vez pueda usar el anonimato como un medio para no llamar la atención sobre mí, y desaparecer en el fondo, siempre que lo necesite o quiera hacerlo.

Tal vez la invisibilidad es un regalo que se me ha dado para un propósito más grande que el que había visto anteriormente. Como ciertos animales que pueden cambiar su color o mezclarse con el medio ambiente cuando están en peligro, puede que se me haya dado esta cualidad para que pueda amar mejor a mi familia, o para pronunciar palabras de consuelo a otras mujeres invisibles.

De hecho, existen algunas cosas que no puedo hacer a menos que sea invisible. Comencé a pensar en aquel juego medieval de las

escondidas que muchos de los artistas jugaron con su obra, y me inspiré. ¿Qué podría yo esconder en las vidas de aquellos a quienes amo si usara mi invisibilidad? ¿Qué podría dejar en la tierra que podría no descubrirse jamás? ¿Qué podría hacer de manera anónima por mi familia, por mis amigos, por la humanidad, o incluso por Dios?

Un sábado por la mañana, estaba preparando el desayuno cuando Jake anunció: «Tengo una admiradora secreta».

«Estoy segura de que tienes muchas, hijo», sonreí, mientras revolvía huevos en un tazón.

«Encontré una barra de caramelo en mi mochila después del recreo».

«Vaya, ¿toda una barra de caramelo?»

«Sí. Creo que podría ser Emily, ella sabe que me gustan los caramelos Twix». Y luego añadió: «Y me sonríe todo el tiempo».

«Podría ser, Jake, es tan difícil decirlo cuando le gustas a tanta gente», y le hice un guiño.

«Y hace dos días, la mamá de alguien dejó pasteles para toda nuestra clase».

«¿De veras?»

"Sí. Tenían pajaritos en ellos, y también estaban deliciosos».

«Me pregunto quién haría *eso*».

Él pensó por un minuto y se encogió de hombros. «Creo que fue la mamá de Emily».

«Eso es muy lindo». Volví a sonreír mientras ponía los huevos a cocinar en la estufa. «Tal vez debas lavarte las manos antes del desayuno».

Él bajó de su silla de un salto y dijo: «Es excelente que te admiren en secreto».

Sí, me recordé a mí misma, lo es.

Si bien nunca seré visible para alguien; finalmente puedo verme como la constructora y la mujer que soy. Puedo dejar de buscar mi reflejo en los demás y permitirle a Dios la oportunidad de responder a la pregunta en mi alma. Mi vida realmente importa. Estos días estoy disfrutando a fondo cuando alguien no me ve, de hecho, estoy buscando nuevas formas para desaparecer a diario.

Puse estas palabras en mi bloc:

La invisibilidad no es algo que se me ha impuesto, es un regalo para ayudarme a servir de verdad.

La invisibilidad no es algo que se me ha impuesto, es un regalo para ayudarme a servir de verdad.

Una noche, ya tarde, Miguel y yo estábamos acostados en la cama, a punto de quedarnos dormirnos, cuando me dijo: «Gracias por llevar a Bonnie a que la vacunaran ayer. Sé que realmente no tenías tiempo para hacerlo».

Sonreí. «Tú nunca notas cosas como ésas».

«Sí, las noto. Simplemente nunca digo nada acerca de cosas como ésas».

Susurré cautelosamente: «Algunas veces me pregunto si en realidad me ves».

Tomó mi mano y dijo: «No siempre veo lo que haces, pero siempre te veo a ti». Estuvimos acostados allí en la oscuridad y pude escuchar la sonrisa en su voz, cuando tiernamente añadió: «Incluso con las luces apagadas». En ese momento me alegró que la oscuridad escondiera la lágrima que rodó por mi mejilla.

¿Acaso quiero que mi familia me vea y note todo lo que hago? Por supuesto que sí, pero no si es que tengo que *hacer* que me vean. Ése es un precio demasiado elevado. Conozco a muchas mujeres que pregonan a los cuatro vientos sus propios logros, enumerándoselos a todo aquel que quiera escucharlas, y algunas veces a algunos cuantos que no quieren hacerlo.

«¡A las nueve de la mañana ya he lavado toda la ropa!»

«Todas las tardes a las 5:30 ya tengo una comida caliente servida sobre la mesa».

«Me aseguro de que mis hijos ya hayan terminado con sus tareas antes que enciendan el televisor».

Algunas mujeres se toman el crédito por todo lo que les concierne, incluyendo los éxitos de sus hijos y los logros de su esposo. Es la única forma que conocen para impresionar a otras personas. Recibir el crédito por cada logro se convierte en la base de su identidad, y es una forma sutil de idolatría.

Pero tal vez te preguntes: «¿Acaso no deberían notarme y verme? ¿Acaso no merezco que se me ame y que se me preste atención?» En mi corazón, estos tipos de preguntas y otros deseos legítimos luchan con la quietud del amor y la belleza de la invisibilidad. «Llevé a la perra al veterinario, yo, Carla, la graduada de la universidad, la abogada fuerte y capaz que podría estar pasando su tiempo haciendo otra cosa». Qué ruido tan estruendoso.

Muchas veces he querido mejorar la visión de Miguel, tan sólo para eludir la obra que necesitaba hacer en mi propio corazón. Eso no quiere decir que muchos hombres no podrían hacer uso de alguna cirugía a sus ojos para quitarse las cataratas deportivas o para corregir la miopía que les impide poder confirmar y aplaudir a sus esposas. Pero si pudiera encontrar mi seguridad más profunda en la capacidad de Miguel para verme, es bastante posible que yo nunca reconociera totalmente la oportunidad de depender de Dios para la grandeza de una catedral.

La identidad y el valor más profundos que mi corazón anhelan nunca se encontrarán en el aplauso humano. Aunque se siente bien la mayoría de las veces, es algo demasiado efímero. La satisfacción más profunda de mi corazón se encuentra en la fe de trabajar y construir y amar para un propósito más grande que el mío propio.

Quedo profundamente conmovida cuando veo un acto de amor desinteresado y sencillo. Quedo enmudecida ante los sacrificios silenciosos que el amor hace sin siquiera llamar la atención hacia sí mismo. A menudo, mi corazón endurecido se derrite totalmente cuando veo a una hija limpiándole la boca demacrada a su padre o a su madre, o a una esposa sentada junto a la cama leyéndole a un esposo que ya no puede ver, o a un amigo que ayuda a un compañero en una silla de ruedas a que se acomode en el asiento de un avión. A través de mis lágrimas, quiero levantarme y aplaudir la belleza de su sacrificio. Es una edificación en proceso y me alienta a seguir adelante. Algunas personas podrían estar mirando a su alrededor para ver quién las está observando, o podrían estar quejándose de la tarea que se les viene encima, o incluso podrían estar

haciendo nada en vez de dar desinteresadamente. Estoy totalmente convencida de que la invisibilidad es el disfraz más bello del amor, dado a lo más selecto de sus siervos cuando realmente hacen en serio su labor de servicio.

Todos, y me incluyo, queremos ser siervos hasta que se nos trata como tales. Quiero verme como una sierva, pero sin tener que sufrir. Y si tengo que sufrir, me gustaría que se me exaltara por mi servidumbre. No tengo idea de cuántos años la Madre Teresa trabajó invisiblemente en las calles de Calcuta antes que alguien alguna vez conociera su nombre, pero estoy segura de que fueron décadas. Irónicamente, cuando adquirió renombre, no era su nombre el que importaba. Ella caminó entre los pobres, vestida de humildad, completamente disfrazada como Jesús. Al desaparecer entre los más pobres de entre los pobres, los hizo visibles por medio de su amor callado y fuerte.

Es posible que lo opuesto al amor no sea el odio o incluso la apatía, sino los actos llamativos e interesados. Hablar o escribir acerca de cuánto amas, exigiendo tu derecho a ser amada o siendo ruidosa y estridente en cuanto a la manera en que los demás no aman nunca revelará la auténtica esencia del amor. Las grandes demostra-

ciones de amor humano en la historia se encuentran en oposición directa a tales actos circenses, en la manera en que se dan gratis y calladamente. Nos humillan a todos, y cambian el mundo por medio de su poder.

Y en mi pequeño bloc que estaba guardando mis pensamientos más importantes acerca de esto, exactamente junto al gorrioncito que sólo Dios ve, escribí:

La invisibilidad es el disfraz más bello del amor.

La invisibilidad es el disfraz más bello del amor.

LA MUJER INVISIBLE

Un día estaba entre subir las escaleras para tomar algo e ir a la cocina para regresar algo, cuando olvidé qué es lo que iba a hacer en ambos lugares. Estaba de pie en la sala como una protuberancia total sobre un tronco, cuando Tim, mi hijo mayor, entró caminando por mi lado de camino a subir las escaleras. Me miró de manera extraña, inclinó la cabeza y me preguntó: «¿Qué estás haciendo?»

No pude ofrecer otra explicación que la de «No estoy segura». Nos quedamos mirándonos el uno al otro por unos cuantos segundos y luego soltamos la risa.

En ese momento, Tim me vio. Me miró a los ojos, por ninguna razón en particular. No estaba haciendo nada, no estaba realizando función alguna, y él no necesitaba nada o incluso no quería decir nada. Tan sólo me vio parada allí como una tonta, y fue algo gracioso para ambos. De todas las veces para notar mi presencia, ¿por qué entonces? Se dio la vuelta para irse, y pude escucharlo reírse todo el camino de subida por las escaleras. Fue una dulce música a mis oídos invisibles que derretía la niebla de la confusión que se había asentado entre ambos.

Finalmente, anoche me senté con un lapicero, un lindo papel y sobre de carta, y un corazón lleno.

Querida Janice:

No tienes idea de lo que el libro La gran catedral ha significado para mí. Comenzando con tu bella inscripción, devoré cada página del libro. Primero sentí gratitud hacia ti, querida amiga, quien me conoce lo suficientemente bien como para darme un libro como éste, y luego pasé a agradecerle a Dios por amarme tanto como para darme una amiga como tú.

Ha sido de profundo aliento para mi corazón aprender que gran parte de la obra en la historia se ha hecho de manera invisible, dotada con una fortaleza y un propósito más grandes que la obra misma. Los constructores de las catedrales y su obra me han hecho considerar que el propósito más grande en la tierra debe estar conectado con lo que se encuentra más allá de esta. Y Dios me está mostrando una manera de vivir cada día como si lo creyera.

Vaya si me has dado un regalo. Que cuente para la eternidad.

Con amor de una mujer invisible, constructora de catedrales,

y tu amiga,

Carla

A veces mi invisibilidad todavía se siente como una aflicción. Sigo sintiendo como si pudiera doblarme bajo el peso de llevar tanta responsabilidad. Pero luego pienso en las catedrales y mi corazón queda sostenido por la imagen de los arbotantes, que se libran de la tensión visible por medio de la fortaleza de su diseño. Veo la representación física de tanto anhelo hacia arriba y tanta base hacia abajo. Y sé que puedo sobrevivir otro día. Tal vez, como las catedrales que he llegado a amar, lo logre por otros 800 años.

La invisibilidad ya no es una enfermedad que está borrando mi vida. De hecho, es la cura fuerte para la enfermedad del egocentrismo. Es el antídoto a mi orgullo obstinado. Muchos de estos pensamientos todavía están más allá de mi alcance, pero yacen dentro de mi esperanza para le futuro. La vida todavía me desafía y la invisibilidad todavía amenaza, pero puedo recordarme: *Está bien que no lo sepan, está bien que no vean. Dios ve.*

El próximo día de Acción de Gracias, no quiero que mi hijo les diga a sus amigos: «Mi mamá se levanta a las cuatro de la mañana y hornea pasteles, y rocía con su jugo a mano un pavo durante tres horas, y plancha toda la mantelería para la mesa». No quiero que su atención vaya a las cosas que hago. Esas cosas no significan nada, y

podrían incluso indicar que he construido un santuario, o alguna otra catedral no-tan-grande, para mi propia honra. Yo sólo quiero que él traiga a sus amigos a casa, y a menudo, que tal vez diga algo así como: «Te va a encantar estar en mi casa. Es un gran lugar».

Estoy construyendo una catedral, pero no *para* ellos, sino *dentro de* ellos. Y si la estoy construyendo bien, ellos no me verán. Como madre y esposa, puedo ser una constructora invisible extraordinaria, construyendo fielmente lo que ni siquiera yo misma puedo ver. Al haber fijado mis miras tan elevadas, el cimiento debe ser igual de profundo. No trabajo para mi esposo ni para mis hijos; trabajo para Dios. Y puedo estar parada sobre los hombros de gigantes que han estado antes que yo y usar lo que me han enseñado para ver las cosas con una claridad que no es mía.

Seguiré brindando mi construcción, vertiendo mi corazón en esta vida, confiando en que no es en vano. Tallaré diminutos pajaritos dentro de cosas que muy pocos ojos jamás notarán. Veré mi trabajo como una oración, y confiaré en que nada pasa inadvertido a los ojos de Dios. Resistiré la tentación de vivir sólo en el ahora y continuaré recordándome que no puedo ver cuán amplia podría ser la influencia de mi vida, ni la extensión de mi posible legado. No me

corresponde a mí saberlo. A mí me toca seguir construyendo, y orar para que mucho después de que me haya ido, mi obra se levante como un gran monumento a un Dios aún más grande. En las palabras inspiradas de Teófilo: «No he escrito por amor a la alabanza mundana, ni con la esperanza de una recompensa aquí en esta tierra... he querido ayudar al progreso de muchas mujeres para la mayor honra y gloria de Su nombre».

Dios Todopoderoso que ves a cada gorrión, sigue enseñándome las grandes lecciones de la vida de las grandes catedrales del mundo. Hazme más invisible. Fortalece mi corazón para hacer las cosas que nadie ve o aprecia, y para hacerlas como para Ti. Ayúdame a hacer sacrificios personales sin pregonarlos a los cuatro vientos y sin créditos para mí misma. Permíteme ser más invisible en ti para que el verdadero amor pueda ser más claramente visible. Permíteme que deje que la humildad envuelva mi amor en toda oportunidad. Y si la historia jamás conoce mi nombre, que yo pueda haber ayudado a hacer que el Tuyo se conozca un poquito mejor. Permíteme ser invisible para que el mundo te pueda ver a Ti, el Dios vivo que ve y ama a todas las mujeres invisibles.

Bibliografía

Gimpel, Jean. *The Cathedral Builders* (Los Constructores de las Catedrales) New York: Grove Press, 1983

Erlande-Brandenburg, Alain. *The Cathedral Builders of the Middle Ages* (Los constructores de las catedrales de la Edad Media), Reino Unido de Inglaterra: Thames & Hudson, 1995

Adams, Henry. *Mont St. Michel and Chartes*, (Mont St. Michel y Chartres), Inglaterra: Penguin Books, 1986

Yancey, Philip. *Rumors of another world* (Rumores de otro mundo), Grand Rapids: Zondervan, 2003

Elliot, Ralph. *The Invisible Man* (El hombre invisible), New York: Random House, 1952

～Notas～

Capítulo 2

1. Página 33 – Cita que comienza al final de la página 33.
   The Cathedral Builders
   (Los Constructores de Catedrales) p. 1

2. Página 34 – Cita al final de la página 34.
   Cathedral Builders of the Middle Ages
   (Los Constructores de las Catedrales de la Edad Media)

3. Página 42 – Cita de Teófilo. The Cathedral Builders
   (Los Constructores de Catedrales) p. 153. De dominio público.

4. Página 44 – Cita que comienza con «Las catedrales góticas expresan...»
   Henry Adams. Mont St. Michele and Chartres Mont St.
   Michele y Chartres), p. 359

5. Página 44 – Último párrafo. Henry Adams. Mont St. Michele and
   Chartres Mont St. Michele y Chartres), p. 359

Capítulo 3

1. Página 54 - Mateo 10.29-32, Santa Biblia, Nueva Versión Internacional

2. Página 55 - Civilla D. Martín, «His Eye Is on the Sparrow»
   ("Sus Ojos están sobre el Gorrión"). 1905.

3. Página 60 - Cita de Chartres. The Cathedral Builders
   (Los Constructores de Catedrales) p. 36.

4. Página 68 - Cita que comienza al final de la página 68. Henry Adams.
   Mont St. Michele and Chartres Mont St. Michele y Chartres)

5. Página 87 - Cita de Teófilo. De dominio público.

Créditos fotográficos

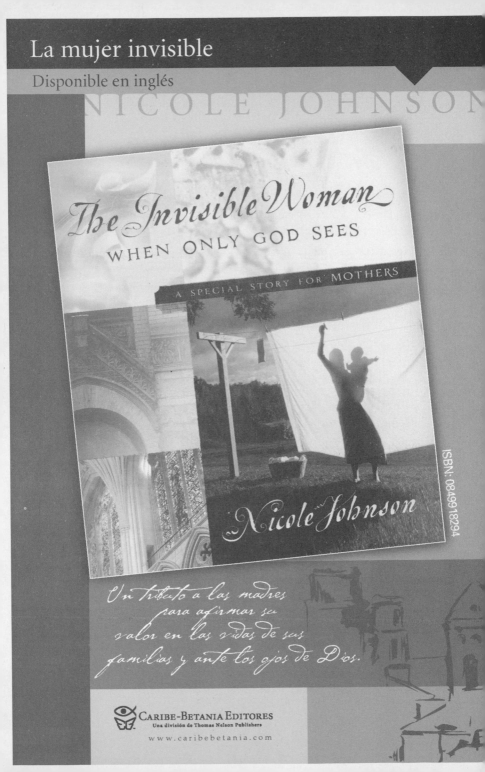